Zwergenstübchen

Zwergenstübchen

BACKBUCH

Vehling **V** Verlag

Berlin • Werl i.W. • Basel • Graz

Das Zwergenstübchen ist eine Einrichtung für die werdende und junge Familie. Unsere Mütter, Väter und Kinder begleiten uns seit vielen Jahren in den verschiedenen Kursprogrammen und stehen dem Zwergenstübchen treu zur Seite.

Aus dieser Verbindung heraus entstand der Wunsch, ein Zwergenstübchen Backbuch zu schreiben.

Mein besonderer Dank gilt allen Zwergenstübchen Müttern, die mit viel Engagement bei der Entstehung dieses Buches mitgeholfen haben. Angefangen vom Sammeln der Rezepte bis zum Backen der verschiedenen Kuchen und Torten.

Großen Wert legten die Frauen auf Rezepte, die einfach zu backen sind. – Ihr Gedanke war stets, es soll ein Backbuch von Müttern für Mütter werden!

Uns allen hat die Verwirklichung sehr viel Freude gemacht, und wir wünschen Ihnen gutes Gelingen.

Elke Schuster

ZWERGENKÜSSCHEN - TORTE

Zutaten für den Teig:
100 g Mehl
100 g Zucker
3 Eier
3 EL heißes Wasser
1/2 TL Backpulver

Zutaten für die Füllung:
9-12 große "Zwergenküsse"
6-8 kleine "Zwergenküßchen"
250 g Speisequark
1/4 - 1/2 l Schlagsahne
1 EL Zitronensaft

Anmerkung:
"Zwergenküsse" = Mohrenköpfe

Zubereitung:
Eier mit Zucker und heißem Wasser schaumig rühren. Mehl und Backpulver vorsichtig unterheben. In einer Springform ca. 15 Minuten bei 175 Grad backen.
Von den "Zwergenküssen" die Waffelböden abnehmen. Schaum und Schokoüberzug zerdrücken, mit Zitronensaft und Speisequark verrühren. Dann die geschlagene Sahne unterheben und die Masse auf den Tortenboden auftragen. Zur Dekoration werden die "Zwergenküßchen" halbiert und die Torte nach Lust und Laune damit verziert.

MÖHRENTORTE

Zutaten:

12 Scheiben Zwieback

5 Eier

250 g Zucker

250 g Haselnüsse (gemahlen)

250 g Möhren (geraspelt)

Saft und Schale einer

unbehandelten Zitrone

3 TL Backpulver

200 g Kuvertüre

Zubereitung:

Die 12 Scheiben Zwieback zerkrümeln (in ein Handtuch geben, zusammenschlagen, mit dem Wellholz zerreiben). Eigelb und Zucker schaumig rühren.

Nüsse, Backpulver, Möhren, Zwiebackmehl, Zitronensaft und -schale beimischen.

Eiweiß zu Schnee schlagen, das Eiweiß unterheben.

Den Teig in eine gefettete Form füllen.

Bei 175 - 195 Grad 1 Stunde backen.

Mit Kuvertüre überziehen und z.B. mit Marzipanmöhren verzieren.

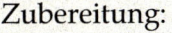

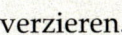

SPANISCHER APFELKUCHEN

Zutaten:

4 Äpfel (gewürfelt)

200 g Butter

200 g Zucker

200 g Mehl

4 Eier

125 g gemahlene Nüsse

2 EL Kakao

1 TL Zimt

1 TL Backpulver

1 Päckchen Vanillezucker

3 EL Rum

Zutaten für den Guß:

200 g Puderzucker

2 EL Rum

etwas Zitronensaft

Zubereitung:

Gewürfelte Äpfel mit Rum und Zucker vermischen, ca. 1 Stunde ziehen lassen. Butter, Zucker und Eier schaumig rühren. Nüsse, Kakao und Zimt zugeben. Backpulver mit Mehl vermischen und eßlöffelweise unter die Masse rühren. Zum Schluß die Äpfel unterheben. In eine gefettete Springform füllen. Im vorgeheizten Backofen bei 175 Grad 1 Stunde backen. Puderzucker mit Rum, Zitronensaft und 1 - 2 EL Wasser (lauwarm) verrühren. Den abgekühlten Kuchen mit der Glasur überziehen. Mit Mandelblättchen garnieren.

APFELTASCHEN

Zutaten für den Teig:

250 g Mehl

1 Päckchen Backpulver

1/2 TL Salz

200 g Margarine

250 g Quark

Zutaten für die Füllung:

6-8 Äpfel (in kleine Würfel schneiden)

Rosinen

Zucker

Zimt

Zubereitung:

Teigzutaten vermischen, den Teig kaltstellen. Für die Füllung Äpfel in kleine Würfel schneiden, mit Rosinen, Zucker und Zimt vermischen und andämpfen. Abkühlen lassen. Den Teig ausrollen und ca. 8 cm große Quadrate ausschneiden. Die Füllung auf die Quadrate geben und zu Dreiecken zusammenlegen. Die Ränder gut andrücken. So vorbereitete Taschen mit etwas Abstand auf ein gut gefettetes Backblech geben. Bei 175 Grad ca. 20 Min. backen.

SCHNECKENNUDELKUCHEN

Zutaten für den Teig:

500 g Mehl

20 g Hefe

80 g Zucker

1 Prise Salz

etwas Zitronensaft

80 g Butter

1/4 l Milch (knapp)

Zutaten für die Füllung:

300 g gemahlene Walnüsse
oder andere Nüsse

150 g Zucker

1 Päckchen Vanillezucker

Süße Sahne zum Anfeuchten

Zubereitung:

Aus den Teigzutaten einen Hefeteig zubereiten, gehen lassen. Die Zutaten für die Füllung kurz vor Gebrauch anrühren.

Teig zu einer rechteckigen, zentimeterdicken Platte auswellen, mit der Füllung bestreichen und aufrollen, in gleich große Stücke schneiden. und auf ein großes, rundes Blech legen.

Mit Sahne und zerlassener Butter bestreichen.

20 Min. bei ca. 200 Grad backen.

Marmorkuchen

250g Zucker

250g Margarine

1 Päckchen

VANILLIN ZUCKER

etwas Zitrone

4 Eier

Alles verrühren

500g Mehl

1 Päckchen

BACK PULVER

etwas Milch

verrühren

Teig teilen

2-3 Eßlöffel Rum

4-5 Eßlöffel Kaba

In eine Backform füllen. Mit einer Gabel beide Teige spiralförmig mischen. Bei 175° 1 Stunde backen.

NUSS - TÖRTCHEN

Zutaten für 15 Törtchen:
125 g Butter
125 g Zucker
3 Eier
75 g Paniermehl
75 g Haselnüsse gemahlen
1 TL Backpulver
100 g Schokoladenglasur

Zubereitung:
Butter und Zucker schaumig
rühren. Eigelb dazugeben.
Paniermehl, Haselnüsse und
Backpulver mischen und nach
und nach unterrühren.
Zuletzt Eiweiß steif schlagen,
unterheben.
Ca. 15 Papierbackförmchen
halb mit Teig füllen.
Im vorgeheizten Backofen bei
175 Grad 25-30 Min. backen.
Mit Schokoglasur verzieren.
Im Papier erkalten lassen.

WINDBEUTEL "LISBOA"

Zutaten für den Teig (12 St.):
1/8 l Orangensaft
1 Prise Salz
40 g Pflanzenmargarine
75 g feines Weizenmehl
3 kleine Eier
1 Msp. Backpulver

Zutaten für die Füllung:
40 g gehackte Mandeln/Nüsse
1-2 Apfelsinen/Vanillepulver
125 ml süße Sahne

Zubereitung:
Orangensaft, Salz und Fett
aufkochen. Mehl in kochende
Flüssigkeit rühren. Rühren bis
sich der Teig als Kloß vom
Topf löst. Den Teig in eine
Schüssel geben. Eier unter-
rühren. Teig muß glatt sein.
Backpulver zugeben. Teig in
Spritzbeutel einfüllen.

12 kleine Tupfer auf ein mit
Backpapier belegtes Backblech
spritzen. Im vorgeheizten
Backofen bei 200 Grad
ca 20 Min. backen.
Windbeutel abkühlen, mit einer
Schere aufschneiden. Mandeln
ohne Fettzugabe goldgelb
rösten und abkühlen lassen.
Apfelsinen waschen, trocknen,
wie Apfel schälen,so daß die
weiße Haut entfernt ist, in
kleine Stücke schneiden.
Sahne steif schlagen, mit
Vanillezucker abschmecken.
Apfelsinenstücke und Mandeln
unterziehen. Füllung in die
Vorderseite der Windbeutel einfüllen. Deckel aufsetzen. Damit
der Teig nicht durchweicht, erst
kurz vor dem Verzehren füllen.
Als Verzierung evtl. kleine
Blättchen Zitronenmelisse.

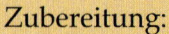

16

Limo-Kuchen

3 Tassen Mehl

2 Tassen Zucker

1 Tasse Öl

4 Eier

1 Prise Salz

1 Tasse Limo

1 Päckchen BACK-PULVER

1 Päckchen VANILLIN-ZUCKER

Alles verrühren.
In eine Backform füllen.
Bei 180°
ca. 40-45
Minuten
backen.

BUTTERMILCH - WAFFELN

Zutaten für den Teig:

125 g Butter

50 g Zucker

2 EL Vanillezucker

1 Prise Salz

4 Eier

250 g Mehl

1 TL Backpulver

1/8 bis 1/4 l Buttermilch

Zubereitung:

Butter, Zucker, Vanillezucker, Salz und Eier gut schaumig rühren. Mehl und Backpulver sieben, löffelweise unter die Butter-Eiermasse geben, die Buttermilch zugeben, bis ein dünner Teig entsteht. Waffeleisen mit Öl einpinseln und einen kleinen Schöpflöffel Teig in das heiße Waffeleisen geben. 4 - 6 Min. backen.

FAULE - WEIBER - KUCHEN

Zutaten für den Teig:
200 g Mehl
75 g Zucker
1 Ei
75 g Margarine
1 TL Backpulver

Zutaten für den Belag:
500 g Quark
2 Eier
140 g Zucker
1 Päckchen Vanillepudding
1/2 Becher Sauerrahm
1/2 Tasse Öl
1 1/2 Tassen Milch
1 kleine Dose Mandarinen
1 Päckchen klarer Tortenguß

Zubereitung:
Aus den Teigzutaten einen Mürbteig herstellen und in den Kühlschrank legen. Quark, 2 Eier und Zucker in einer Rührschüssel von Hand rühren. Vanillepudding, Öl, Sauerrahm und Milch zusammenrühren und unter die Quarkmasse heben. Nach ca. 45 Min. den Mürbteig ausrollen, in eine Springform geben. Die Quarkmasse daraufgeben (die Masse ist sehr flüssig, wird aber beim Backen gut fest) und die Mandarinen darauf verteilen. Bei 180 Grad ca. 50 Min. backen. Kuchen auskühlen lassen und mit klarem Tortenguß überziehen.

GLASIERTER ORANGENKUCHEN

Zutaten:
100 g Pflanzenmargarine
120 g Zucker
6-8 Spritzer Süßstoff oder etwas Zucker
1 Prise Salz
2 Eier
1/2 TL Orangenextrakt
Abgeriebene Schale einer unbehandelten Zitrone
60 g gemahlene Mandeln
2 TL Backpulver
200 g Mehl
6 EL Orangensaft
2 EL Zitronensaft
3 EL Orangenmarmelade

Zubereitung:
Margarine, Zucker, Süßstoff und Salz schaumig rühren, nach und nach Eier zufügen. Orangenextrakt und Zitronenschale unterrühren, Mandeln dazugeben und abwechselnd das mit Backpulver gemischte Mehl und den Orangen-Zitronensaft unter den Teig rühren. Eine Kastenform (25 cm) mit Backtrennpapier auslegen, Teig einfüllen. Heißluft bei ca. 160 Grad 45-50 Min. backen. Ober- und Unterhitze ca. 180 Grad. Den ausgekühlten Kuchen mit Marmelade überziehen.

20

Zitronenkuchen

350g Margarine

350g Zucker

1 Päckchen

6 Eier

abgeriebene Schale
von 2 Zitronen

3 gestrichene
Teelöffel Backpulver

350g Mehl

Zutaten zu
einem Rührteig
verarbeiten,
auf ein
gefettetes
Backblech streichen.
Bei 175-200° 20 Minuten
backen.

Guß:
200g Puderzucker
mit 4 Eßlöffel
Zitronensaft glatt-
rühren.

ERDBEER - JOGHURT - TORTE

Zutaten für den Teig:
100 g Margarine
200 g Mehl
100 g Zucker
1 Ei

Zutaten für den Belag:
10 Blatt Gelatine
500 g frische Erdbeeren
3 Becher Magerjoghurt
2 Päckchen Vanillezucker
60 g Zucker

Zubereitung:
Aus Mehl, Zucker, Margarine und Ei einen Mürbteig bereiten. In eine gefettete Springform geben und 15 Minuten bei 200 Grad backen. Erdbeeren passieren (einige Früchte für die Garnierung zurückbehalten). Das Mus mit Joghurt, Zucker und Vanillezucker verrühren. Die eingeweichte Gelatine gut ausdrücken und in 3 EL heißem Wasser auflösen.

Etwas abkühlen lassen und unter die Erdbeermasse rühren. Die Creme in die Springform füllen und glattstreichen. 1 Stunde kaltstellen. Anschließend mit Sahnehäubchen und Erdbeeren garnieren.

Zutaten für den Teig:

100 g Butter

100 g Zucker

4 Eigelb

1 Päckchen Vanillezucker

125 g Mehl

1/2 Päckchen Backpulver

Zutaten für Meringenmasse:

4 Eiweiß

150 g Zucker

80 g Mandelblättchen

Zutaten für die Füllung:

2 Becher Sahne

2 Päckchen Sahnesteif

1 Glas Sauerkirschen

2 Päckchen roter Tortenguß

Zubereitung:

Aus den Teigzutaten einen
Rührteig herstellen, diesen in
2 Teile teilen. In 2 Formen mit
Rand geben (26 cm).

Bei 180 Grad vorbacken, bis die
Böden blaß gelb sind. Eischnee
mit dem Zucker schlagen.
Die Masse gleichmäßig über
beide Böden streichen und
die Mandeln darauf verteilen.
Die Böden weiterbacken bis die
Mandeln leicht bräunlich wer-
den. Einen Boden sofort nach
dem Backen in 16 Stücke teilen.
Der 2. Boden bleibt ganz.
Erkalten lassen.
Um den ganzen Boden einen
Tortenring stellen. Tortenguß
mit dem Saft der Kirschen
aufkochen, mit den Kirschen
über den Boden geben.
Kalt werden lassen.
Sahne steif schlagen und über
die Kirschen geben .
Die geteilten Bodenstücke
darauf anordnen.

FRANKFURTER KRANZ

Zutaten für den Teig:

250 g Mehl

70 g Speisestärke

1 Päckchen Backpulver

150 g Zucker, 1 Prise Salz

150 g weiches Fett, 5 Eier

Zutaten für die Füllung:

1/2 l Milch, 1 Eigelb

1 Päckchen Vanillezucker

1 Prise Salz, 100 g Zucker

1 Päckchen Vanillepudding

250 g weiche Butter

Zutaten für die Dekoration:

12 Belegkirschen

1 Becher süße Sahne

125 g Krokantstreusel

Zubereitung:

Aus den Zutaten einen Rührteig bereiten, in gefetteter Kranzform bei 190 Grad ca. 35-45 Min. backen. Auskühlen und ruhen lassen. Zweimal quer durchschneiden. Für die Füllung 3/4 der Milch mit Zucker, Vanillezucker und Salz aufkochen. Restliche Milch mit Puddingpulver und Eigelb verrühren, in kochende Milch geben. Abkühlen lassen, dabei immer wieder rühren, damit sich keine Haut bildet. Butter schaumig rühren und den abgekühlten Pudding eßlöffelweise unterrühren. Die Böden mit Creme bestreichen und zusammensetzen. Den Rand ebenfalls mit Creme bestreichen. Den Kranz außen mit Krokantstreuseln bestreuen.Mit geschlagener Sahne 12 Rosetten aufspritzen und darauf die Kirschen setzen. Im Kühlschrank ca. 1 Stunde fest werden lassen.

Zutaten:

200 g Butter oder Margarine

175 g Zucker

1 Päckchen Vanillezucker

1 Prise Salz

3 Eier

200 g Mehl

2 TL Backpulver

2 EL Milch

Margarine zum Einfetten
Semmelbrösel zum
Ausstreuen

Zutaten für den Belag:

900 g entsteinte
Schattenmorellen

2 EL Zucker

2 EL gehackte Mandeln

Zubereitung:

Fett und Zucker schaumig
rühren. Nach und nach Zucker,
Vanillezucker und Salz einrühren. Eier einzeln in die
Masse geben. Weiterrühren bis
sich der Zucker gelöst hat.
Mehl und Backpulver
unterheben. Wenn der Teig fest
ist , die Milch unterziehen.
Der Teig soll schwer reißend
vom Löffel fallen. Eine Springform (26 cm) einfetten und mit
Semmelbröseln ausstreuen.
Den Teig einfüllen und mit
Schattenmorellen belegen.
Ca. 50 Min. bei 180 Grad
backen. 10 Min. vor Backende
mit Zucker-Mandelgemisch
bestreuen.

Zutaten für den Teig:

1/2 Tasse Zucker

1/2 Tasse Milch (zimmerwarm)

1 EL weiches Fett

1/2 Päckchen Backpulver

1 Ei

Mehl, soviel der Teig aufnimmt

Zutaten für den Belag:

200 g gemahlene Haselnüsse

Obst (z.B. 750 g Sauerkirschen
oder Zwetschgen)

Zutaten für den Guß:

70-80 g weiche Margarine

140 g Zucker

3 Eier

etwas (gemahlener) Zimt

Zubereitung:

Alle Teigzutaten zu einem
geschmeidigen Mürbteig
kneten und sofort ausrollen,
in eine gefettete Form
(28 cm) geben.
Mit der Gabel mehrmals einstechen. 1/3 der Haselnüsse
darauf streuen, das Obst
verteilen und die restlichen
Haselnüsse darüber geben.
Die Gußzutaten (der Reihen-
folge nach) schaumig rühren
und aufstreichen.
Bei vorgeheiztem Backofen ca.
60 Min. bei 190-200 Grad
backen. 10 Min. in der Form
ruhen lassen, dann stürzen.

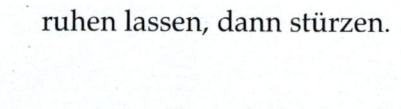

DONAUWELLEN

Zutaten für den Teig:
250 g Butter oder Margarine
350 g Mehl, 6 Eier, 200 g Zucker
1 Päckchen Vanillezucker
1/2 Päckchen Backpulver
2 Gläser entsteinte
Sauerkirschen
2 EL Kakao

Zutaten für die Buttercreme:
3/4 l Milch
250 g Butter
3 EL Zucker
2 Päckchen Vanille-
Puddingpulver
2 Päckchen Schoko-Glasur

Zubereitung:
Butter schaumig rühren, nach
und nach Zucker und Eier
zugeben. Mehl mit Backpulver
mischen, eßlöffelweise

unter die Masse rühren.
1/3 des Teiges mit Kakao
verrühren. Hellen Teig auf ein
gefettetes Backblech streichen,
dunklen Teig darübergeben.
Mit einer Gabel Wellen ziehen
(Donauwellen).
Kirschen abtropfen lassen und
auf dem Teig verteilen.
Im vorgeheizten Backofen ca.
30 Min. bei 200 Grad backen.
Aus Milch, Zucker und
Puddingpulver einen Pudding
kochen, abkühlen lassen, dabei
öfter umrühren. Zimmer-
warme Butter eßlöffelweise
zugeben und gut verrühren.
Fertige Buttercreme auf den
erkalteten Kuchen streichen.
Schokoladenglasur im
Wasserbad auflösen und über
die Buttercreme träufeln.

BIRNENKUCHEN

Zutaten für den Teig:

125 g Margarine
100 g Zucker
1 Ei
Salz
abgeriebene Zitronenschale
1 Päckchen Vanillezucker
150 g Mehl
1/2 Päckchen Backpulver

1 Dose Birnen

Zutaten für den Guß:

500 g Quark
Saft 1/2 Zitrone
1 ganzes Ei
2 Eigelb
1 Päckchen Vanillezucker
1 Päckchen Vanillepudding
100 g Zucker
1/2 l Milch
1 Tasse Oel

Zubereitung:

Aus den Teigzutaten einen
Mürbteig herstellen, diesen in
eine Springform legen.
Birnen in Streifen schneiden,
abtropfen lassen und auf dem
Teig verteilen.
Mit Puddingpulver und Milch
einen Pudding kochen, diesen
abkühlen lassen.
Restliche Gußzutaten unterrühren, auf den Teig geben
und glattstreichen.
Im vorgeheizten Backofen ca
50 Min. bei 180 Grad backen.
Eiweiß und 150 g Zucker steif
schlagen, über den Kuchen
geben und noch einmal 10 Min.
backen.

RÜHRKUCHEN HAWAII

Zutaten:

200 g Ananas oder
Mandarinen (Dose)
150 g Butter oder Margarine
150 g Zucker
250 g Mehl
20 g gemahlene Haselnüsse
1 Pr.Salz
2 Eier
4 EL Zitronensaft
2 TL Backpulver

Zubereitung:

Ananas oder Mandarinen
zum Abtropfen auf ein Sieb
geben. Butter oder Marga-
rine schmelzen, abkühlen
lassen, mit Zucker und der
Prise Salz schaumig rühren.
Eier nacheinander hinzu-
fügen und weiterrühren,
bis der Zucker gelöst ist.
Zitronensaft und Haselnüsse
dazugeben, das mit
Backpulver vermischte Mehl
unter den Teig rühren.
Zuletzt die zerkleinerten
Früchte unterheben.
In eine Kastenform,
26 cm, füllen.
Backzeit ca. 50 Minuten
175 - 200 Grad.
Den fertigen Kuchen mit
Zuckerguß überziehen.

Zutaten für den Teig:

100 g Butter

60 g Zucker

1 Prise Salz

160 g Mehl

Zutaten für die Füllung:

1 Päckchen Vanille-Pudding

1/2 l Milch

2 Eigelb

150 g Zucker

250 g Butter

40 g Kakaopulver

1 Biskuitboden

(gekauft oder selbstgebacken)

50 g Zucker

1/2 Tasse Wasser

Zutaten zum Dekorieren:

100 g Mandelstifte

300 g Schoko-Fettglasur

Zubereitung:

Aus den Teigzutaten einen
Mürbteig herstellen, 2 Stunden
im Kühlschrank ruhen lassen.
Aus Karton eine Schablone von
ca. 8 - 9 cm Länge in Form
eines zugespitzten Ovals
schneiden. Backofen auf 200
Grad vorheizen. Den Teig
1/2 cm dick auswellen
und mit Hilfe der Schablone
igelförmige Plätzchen aus dem
Teig schneiden.
Die Plätzchen auf mittlerer
Stufe 8-10 Minuten backen.
Abkühlen lassen.
Puddingpulver mit 3 EL
Milch anrühren, mit den
Eigelben verquirlen.

Restliche Milch mit Zucker
zum Kochen bringen.
Puddingpulver einrühren
und aufkochen lassen.
Den Pudding unter ständigem
Rühren abkühlen lassen.
Butter schaumig rühren.
Wenn Pudding und Butter
dieselbe Temperatur haben,
den Pudding unter die Butter
rühren.
3 EL Buttercreme zum
Verzieren zurückbehalten.
Kakaopulver unter die
restliche Creme geben.
Den Biskuitboden in kleine
Würfel schneiden.
Zucker mit Wasser aufkochen,

Biskuitwürfel damit
übergießen und zugedeckt
30 Minuten ziehen lassen.
Biskuitwürfel vorsichtig unter
die Buttercreme mischen.
Die Würfel sollen nicht
zerfallen. Die Creme igelförmig
auf die Plätzchen setzen.
1 Stunde im Kühlschrank fest
werden lassen.
Schoko-Fettglasur im
Wasserbad schmelzen.
Die Mandelstifte auf die Igel
stecken. Igel in Schoko-Fettglasur tauchen und auf einem
Kuchengitter auskühlen lassen.
Mit restlicher Buttercreme
Nase und Augen aufspritzen.

Zutaten:

125 g Zucker

1 Päckchen Vanillezucker

125 g Butter

4 Eier

100 g Mehl

3 gestrichene TL Backpulver

50 g Kokosraspeln

Zutaten für den Belag:

etwas Aprikosenmarmelade

2-3 Becher süße Sahne

2-3 Päckchen Sahnesteif

12-14 Raffaellos

1 kleine Dose Aprikosen

Zubereitung:

Kokosraspeln goldgelb rösten, abkühlen lassen. Butter, Zucker, Vanillezucker und Eigelb schaumig rühren. Kokosraspeln und Mehl daruntergeben und mit dem steif geschlagenen Eiweiß mischen. Teig in einer Springform (26 cm) 30 Min. bei 180 Grad backen. Aprikosenmarmelade kurz erwärmen und auf den erkalteten Boden streichen. Aprikosen darüber legen. Sahne mit Sahnesteif steif schlagen. Raffaellos zerkleinern, unter die Sahne mischen. Sahne über die Aprikosen streichen.   Mit halben Raffaellos verzieren.

Schneeflöckchen-Torte

1 ½ Päckchen Vanillepudding
mit ½ l Milch kochen.

250 g Quark,
100-150 g
Kokosflocken
unterrühren.

1 Tortenboden

200 g Margarine

250 g
Puder zucker

Auf dem Tortenboden
verteilen und mit
Kokosflocken bestreuen.

zum Pudding
geben und abkühlen
lassen.

FRISCHKÄSE - KIWI - TORTE

Zutaten für den Boden:
250 g Löffelbiskuits
150 g Butter

Zutaten für die Füllung:
200 g Frischkäse
Saft 1 Zitrone
2 Päckchen Vanillezucker
1 Päckchen Götterspeise Zitrone
100 g Zucker
1/2 l Sahne

Zubereitung:
Löffelbiskuits mit einer
Teigrolle fein zerkleinern
(2 Stück zurückbehalten) und
mit der Butter vermengen.

Eine Springform einfetten, die
Löffelbiskuitmasse auf dem
Boden verteilen und mit der
Hand flachdrücken.
Die Götterspeise mit 1 Tasse
kaltem Wasser anrühren und
ca. 10 Min. quellen lassen.
Anschließend unter Rühren
erhitzen, bis die Götter-
speise gelöst ist, etwas abkühlen lassen.
Käse, Zitronensaft, Zucker,
Vanillezucker und die
Götterspeise in einer Schüssel
gut verrühren und die steifgeschlagene Sahne unterziehen.
Die Creme auf dem Boden
gleichmäßig verteilen und über
Nacht in den Kühlschrank
stellen. Vor dem Servieren die
2 Löffelbiskuits zerbröseln, auf
die Torte streuen und mit
Kiwi-Stückchen garnieren.

Zutaten für den Teig:

200 g Vollmilchschokolade

300 g dunkle Schokolade

25 g Kokosfett

1 Päckchen Vanillezucker

200 g Cornflakes

Zubereitung:

Schokolade im Wasserbad schmelzen, Kokosfett und Vanillezucker dazugeben. Wenn die Masse abgekühlt ist die Cornflakes unterheben. Ein Brett oder Backblech mit Backpapier belegen, mit Teelöffel Häufchen aufsetzen. Im Kühlschrank erstarren lassen.

Zutaten für etwa 35-40 Stück:

120 g Vollmilchkuvertüre

120 g Halbbitterkuvertüre

40 g Haselnußkrokant

100 g Sahne

60 g Butter

50 g Haselnußnougat

Zutaten zum Überziehen:

600 g Vollmilchkuvertüre

Kokosraspeln

Kakaopulver

Schokoladenstreusel

Haselnußkrokantstreusel

Zubereitung:

Kuvertüre kleinhacken. Krokant fein zerstoßen (in einen Beutel geben und mit einem Nudelholz rollen). Backblech mit Folie auslegen. Sahne bis zum Kochen erhitzen, Butter einrühren, Topf vom Feuer nehmen. Kuvertürenbrösel und Nougat darin auflösen, alles glattrühren. Zerstoßenen Krokant einrühren. Konfektmasse 1 cm hoch auf die Frischhaltefolie streichen. Mit einer zweiten Frischhaltefolie abdecken und einen Tag lang in einen kühlen Raum stellen. Etwa 2 x 2 cm große Würfel schneiden und zu Kugeln formen. Falls die Hände zu warm sind, mit wenig Puderzucker bestäuben.

Kugeln auf Backtrennpapier legen. Im Wasserbad Vollmilchkuvertüre verflüssigen, Schokoladenkugeln auf Kuchengabeln aufspießen, in die Kuvertüre tauchen. Anschließend Trüffel entweder in Kokosraspeln, Kakaopulver, Schokoladenstreuseln oder Krokantstreuseln wälzen. Auf Kuchengitter fest werden lassen und in Papierpralinenförmchen geben.

BANANENTORTE

Zutaten:
1 Biskuitboden

Aprikosenmarmelade
Bananen
2-3 Becher Sahne
2-3 Päckchen Sahnesteif
1 Tafel Vollmilch-Schokolade

Zubereitung:
Biskuitboden mit Marmelade bestreichen. Bananen halbiert auf dem Boden verteilen. Am Abend zuvor Schokolade und 2 Becher Sahne langsam erhitzen, bis sich die Schokolade aufgelöst hat. Über Nacht in den Kühlschrank stellen. Sahne und Schokolade mit Sahnesteif schlagen, über die Bananen geben. Mit Schokostreuseln verzieren.

SCHOKOLADEN - CREME - TORTE

Zutaten für den Teig:
5 Eier
200 g Zucker
3 EL heißes Wasser
125 g Mehl
125 g Speisestärke
1 Msp. Backpulver
1 Päckchen Vanillezucker

Zutaten für die Creme:
1/2 l Sahne
2 EL Zucker
1 EL Rum
50 g Schoko-Raspeln
3 EL Kakao
200 g Schoko-Fettglasur

Zubereitung:
Eier, Zucker und Vanillezucker in einer Schüssel cremig schlagen. Das mit Speisestärke und Backpulver vermischte Mehl darübersieben und unter die Eimasse rühren. Den Teig in eine Springform füllen. Bei 200 Grad ca. 30 Min. backen und erkalten lassen. Sahne schlagen und ca. 4/5 mit Schokosraspeln, Kakao und Rum mischen. Den kalten Boden 2 mal durchschneiden und mit der Schokosahne füllen. Schoko-Glasur im Wasserbad schmelzen und die Torte bestreichen. Mit der restlichen Sahne verzieren.

Zutaten für den Teig:

225 g Mehl

75 g Speisestärke

1 TL Backpulver

125 g Zucker

2 Päckchen Vanillezucker

2 Eier

125 g Margarine

Zutaten für den Belag:

100 g Marmelade

200 g Margarine

200 g Zucker

2 Päckchen Vanillezucker

6 EL Wasser

400 g gemahlene Haselnüsse

1 Päckchen Kuvertüre

Zubereitung:

Die Teigzutaten zu einem glatten Teig verkneten. Den Teig auf ein gefettetes Blech rollen und die Marmelade aufstreichen. Für den Belag Margarine und Zucker schmelzen, anschließend Haselnüsse und Wasser unterrühren. Die Masse auf dem Teig gleichmäßig verteilen. 45 Min. bei 175 Grad backen. Den abgekühlten Teig in ca. 8 x 8 cm große Vierecke schneiden, dann zu Dreiecken teilen. Die Ecken mit Kuvertüre verzieren.

Ananas-Kuchen

250g Margarine schmelzen

4 Eier

2 Dosen Ananasscheiben
(gut abtropfen lassen)

2 Tassen Zucker

1 Tasse
Ananassaft

4 Tassen Mehl

Backblech
mit
Backpapier
auslegen.

1 Päckchen

BACK
PULVER

VANILLIN
ZUCKER

1 Päckchen

Bei
200° ca.
25 Min.
backen.

Alles gut verrühren und auf
einem Backblech verteilen. Ananasscheiben darauf legen.

Zutaten für den Teig:
1 Tafel Schokolade
(Halbbitter) gemahlen
150 g gemahlene Haselnüsse
250 g Zucker
250 g Butter
250 g Mehl
3 EL Rum
1/2 Päckchen Backpulver
4 Eier

Zutaten für den Belag:
1/2 l Sahne
1 Päckchen Sahnesteif
2 EL Rum
Schokoladenraspeln

Abbildung Seite 44

Zubereitung:
Butter schaumig rühren, abwechselnd Zucker und Eigelb mitrühren. Das mit Backpulver vermischte Mehl, sowie die Haselnüsse, die Schokolade und den Rum unterrühren. Zum Schluß das steifgeschlagene Eiweiß unterziehen. In eine Springform füllen und bei 175 Grad ca. 40 Minuten backen. Am nächsten Tag den Kuchen aushöhlen (Rand stehen lassen), kleine Krümel daraus machen. Diese mit dem Rum tränken. Die geschlagene Sahne mit 3/4 der Krümel mischen und den Kuchen damit füllen. Mit den restlichen Krümeln und den Schokoladenraspeln den Kuchen bestreuen.

OBSTTORTE MIT JOGHURTSAHNE

Zutaten für den Teig:
150 g Weizenmehl
1 1/2 gestr. TL Backpulver
65 g Zucker
1 Päckchen Vanillezucker
1 Ei
65 g kalte Butter

Zutaten für die Füllung:
750 g rohes Obst
(Stachelbeeren, Himbeeren,
Erdbeeren)
oder eingemachtes Obst
(Aprikosen, Pfirsiche o.ä.)
1 Päckchen Tortenguß
1/4 l Wasser oder Fruchtsaft
25-50 g Zucker

Zutaten für die Joghurtsahne:
2 Päckchen Sahnesteif
50 g Zucker
250 ml Sahne
1 Becher Joghurt
2-3 EL Zitronensaft
25 g gehackte Mandeln
(abgezogen)

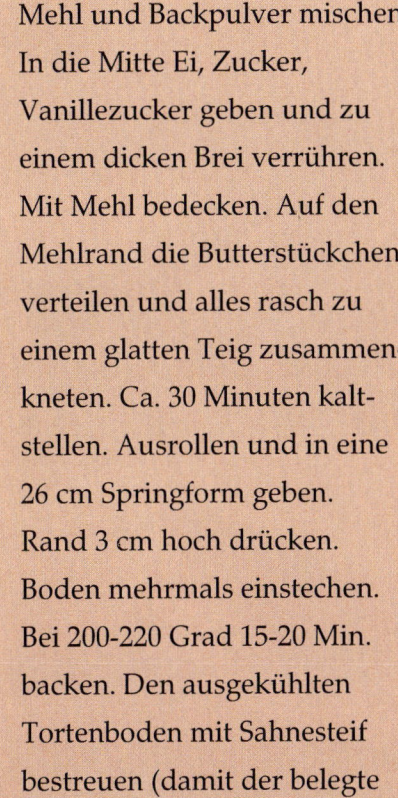

Zubereitung:
Mehl und Backpulver mischen.
In die Mitte Ei, Zucker,
Vanillezucker geben und zu
einem dicken Brei verrühren.
Mit Mehl bedecken. Auf den
Mehlrand die Butterstückchen
verteilen und alles rasch zu
einem glatten Teig zusammen-
kneten. Ca. 30 Minuten kalt-
stellen. Ausrollen und in eine
26 cm Springform geben.
Rand 3 cm hoch drücken.
Boden mehrmals einstechen.
Bei 200-220 Grad 15-20 Min.
backen. Den ausgekühlten
Tortenboden mit Sahnesteif
bestreuen (damit der belegte
Kuchen nicht durchweicht).

Obst mit Zucker bestreuen.
Auf dem kalten Boden verteilen.
Tortenguß nach Vorschrift
zubereiten , auf das Obst geben
und fest werden lassen.
Sahne mit Sahnesteif und Zucker
fast steif schlagen, Joghurt
zugeben, fertig schlagen.
Mit Zitronensaft abschmecken.
Über die Torte geben und mit
Mandeln bestreuen.

GEDECKTER KIRSCHKUCHEN

Zutaten für den Teig:

150 g Butter
150 g Zucker
3 Eier
300 g Mehl
1 Päckchen Backpulver
6 EL Milch
1 Prise Salz
1 EL Kakao (gehäuft)
4 EL gemahlene Mandeln
(gehäuft)
1 Msp. Muskat
1 TL Zimt
1 EL Rum
500 g Sauerkirschen
1 Tafel geraspelte
Halbbitterschokolade

Zubereitung:

Aus allen Zutaten außer
Schokolade und Kirschen
einen Rührteig herstellen.
Zum Schluß die Schokolade
unterheben.
2/3 des Teiges in eine
gefettete Springform
(24-26 cm) füllen und die Hälfte
der Kirschen daraufgeben.
Mit dem Restteig
bedecken und die restlichen
Kirschen darauf verteilen.
Bei vorgeheiztem Backofen ca.
60 Min. bei 200 Grad backen.
In der Form etwas aus-
kühlen lassen, danach mit
Puderzucker bestäuben.

KÄSEKUCHEN

Zutaten für den Teig:

300 g Mehl

175 g Margarine

100 g Zucker

2 Eigelb

1 Beutel Citroback

Zutaten für Käsemasse:

750 g Quark (Magerquark)

200 g Zucker

1 Päckchen Vanillezucker

1 ungespritzte Zitrone

(Saft und Schale)

1/4 l saure Sahne

5-6 Eier (trennen)

60 g Mehl

evtl. Obst auf den Teigboden

(Mandarinen, Kirschen o. ä.)

Zubereitung:

Aus den Teigzutaten einen
Mürbteig bereiten.
Kühl stellen.
Eiweiß mit 100 g Zucker steif
schlagen. Quark, 100 g Zucker,
Vanillezucker, Zitrone, Eigelb
und Mehl verrühren.
Eischneemasse unter
Quarkmasse heben. Saure
Sahne cremig schlagen und
unterrühren.
In eine höhere Form geben,
bei 200 Grad ca. 60 Min.
backen.
Nach dem Backen muß der
Kuchen unbedingt ca. 10 Min.
in der Form auskühlen.

SCHOKOLADENTORTE

Zutaten für den Teig:

150 g Margarine

200 g Zucker

1 Päckchen Vanillezucker

1 Prise Salz

6 Eigelb

200 g Vollmilchschokolade

125 g gemahlene Mandeln

125 g geriebener Zwieback

1 TL Backpulver

6 Eiweiß

Zutaten für den Guß:

200 g Puderzucker

2 EL Kirschwasser

2 EL Wasser

Zubereitung:

Margarine, Zucker, Vanille-zucker, Salz und Eigelb schaumig rühren.

Schokolade schmelzen, abkühlen lassen, zum Teig geben. Mandeln, Zwieback und Backpulver unterrühren. Eiweiß zu Schnee schlagen und unterheben.
Den Teig in eine gefettete Springform (24 cm) füllen. Bei 175-200 Grad ca. 60-75 Min. backen.

Puderzucker, Kirschwasser und Wasser verrühren, den Kuchen damit bestreichen.

Zutaten für den Teig:

250 g Mehl

125 g Zucker

1 Ei

150 g Butter

Zutaten für den Belag:

1 Dose Pfirsiche

oder Aprikosen mit Saft

1 Päckchen Vanillepudding

Zutaten für den Guß:

3 Eier, getrennt

90 g Zucker

1 Becher saure Sahne

Zubereitung:

Teigzutaten zu einem Mürbteig verarbeiten, in eine Springform geben. Früchte darauf verteilen. Fruchtsaft zu 1/2 l auffüllen, Vanillepudding damit kochen. Die heiße Masse über die Früchte streichen.

Bei 175 Grad ca. 35-40 Min. backen.

Zubereitung Guß:

3 Eigelb mit Zucker schaumig rühren, saure Sahne unterrühren. Eiweiß zu steifem Schnee schlagen und unterheben.

Auf den vorgebackenen Kuchen streichen und nochmals ca. 15 Min. backen. In der Form erkalten lassen.

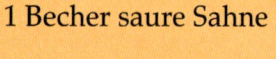

VERSUNKENER APFELKUCHEN

Zutaten:

200 g weiches Fett

6 Eier (getrennt)

250 g Zucker

Saft und Schale einer Zitrone

300 g Mehl

2 Prisen Salz

1/2 Päckchen Backpulver

5-6 große Äpfel

Zubereitung:

Fett in einem Topf zerlassen. Eigelb und Zucker schaumig rühren. Fett langsam einrühren. Zitrone zufügen. Danach, das mit Backpulver und Salz vermischte Mehl, untermischen.

Zum Schluß das steifgeschlagene Eiweiß unterheben. Alles in eine gefettete und bemehlte Springform (26 cm) füllen und glattstreichen. Äpfel schälen, entkernen, vierteln und die obere Seite dünn einschneiden. Äpfel auf den Teig setzen und etwas eindrücken. Mit dem restlichen Zucker bestreuen. Im vorgeheizten Backofen bei 200 Grad 40 Minuten backen. Dazu schmeckt Schlagsahne.

GERASPELTER APFELKUCHEN (VOM BLECH)

Zutaten für den Teig:

500 g Mehl

1 Päckchen Trockenhefe

100 g Zucker

2 Eier

100 g Margarine

1/8 - 1/4 l lauwarme Milch

Zutaten für den Belag:

1 kg Äpfel

1 Becher süße Sahne

1 Becher Sauerrahm

1 Päckchen Vanillezucker

Zubereitung:

Alle Teigzutaten gut verrühren, "gehen" lassen, dann ausrollen und auf ein gefettetes Backblech geben. Die Äpfel grob geraspelt auf dem Teig verteilen. Süße Sahne, Sauerrahm und Vanillezucker vermischen und die Äpfel bestreichen. Nach dem Backen mit Zimt bestreuen. Im vorgeheizten Backofen bei 175 Grad ca. 45 Minuten backen.

Gewürzkuchen

150 g Margarine,
5 Eier, 300 g Zucker
schaumig rühren

1/8 - 1/4 l Milch

1½ Päckchen
BACK-PULVER

1 Teelöffel
Zimt

Messerspitze

200 g
Schokoladen-
raspeln

Nelken

Muskatnuß

Dann die
übrigen Zutaten
untermischen
und gut
verrühren.

300 g
Mehl

Bei
175–200°
1 Stunde
backen.

SPIEGELEIERKUCHEN

Zutaten für den Teig:

200 g Margarine

200 g Zucker

4 Eier

200 g Mehl

2 TL Backpulver

Zutaten für den Belag:

1/4 l Milch

1/2 Päckchen Vanillepudding

100 g Crème Fraîche

1/2 Dose Aprikosen

2 EL gehackte Pistazienkerne

Zutaten für den Guß:

250 ml (1/4 l) Aprikosensaft

1 Päckchen Tortenguß (klar)

Zubereitung:

Margarine cremig rühren, Zucker und Eier einzeln unterrühren. Mehl und Backpulver unter die Masse rühren. Den Teig auf ein mit Backpapier ausgelegtes Backblech streichen und zunächst bei ca. 175 Grad 15 Min. backen. In der Zwischenzeit aus Milch und Puddingpulver einen Pudding kochen, etwas abkühlen lassen. Crème Fraîche unterrühren. Die Masse fleckenartig (als Eiweiß) auf dem Kuchen verteilen, dann 10 Min. bei gleicher Temperatur backen. Nach dem Abkühlen die abgetropften Aprikosenhälften als "Eigelb" auf die "Eiweiß" legen. Mit den Pistazien bestreuen. Aprikosensaft mit Wasser auf 300 ml auffüllen und nach Anweisung einen Tortenguß herstellen. Guß über den Kuchen geben.

AMERIKANER

Zutaten für den Teig:
100 g Butter
100 g Zucker
1 Prise Salz
2 Eier
350 g Mehl
1 Päckchen Backpulver
4 EL Milch

Zutaten für die Dekoration:
150 g Puderzucker
2 EL Zitronensaft
Schokoladenglasur
Speisefarbe
Bunte Schokolinsen
Gummibärchen

Zubereitung:
Butter schaumig rühren.
Zucker, Salz, Vanillezucker
und Eier nach und nach unterrühren. Mehl und Backpulver
abwechselnd mit Milch
zugeben. Teig muß zäh sein.
In eine Spritztülle füllen.
Teigtupfer (ca. 1 EL) auf ein
mit Backpapier belegtes Blech
spritzen.

Bei 180 Grad 15-20 Minuten
hellbraun backen.
Die erkalteten Amerikaner
entweder mit Zitronenguß
oder mit Schokoladenglasur
bestreichen.
Zum Dekorieren verwenden
wir z.B. Speisefarbe,
Gummibärchen oder bunte
Schokolinsen.

Rührkuchen mit Kirschen

250g Butter oder Margarine

250g Zucker

1 Päckchen

VANILLIN
ZUCKER

4 Eier

schaumig rühren

500g Mehl

MEHL

1 P.

BACK PULVER

1 Prise Salz

1/8 l Milch

nach und nach unter-rühren

1 Glas Kirschen

1 Päckchen Schoko-raspeln (100g)

zuletzt unterrühren

Bei 180-200° 1 Stunde backen.

ZWERGEN - TORTE

Zutaten für den Teig:

100 g Zartbitter-Schokolade

7 Eier

150 g Zucker

1 Päckchen Vanillezucker

150 g gemahlene Haselnüsse

25 g Mehl

1 gestr. TL Backpulver

Zutaten für die Füllung:

150 g Butter

50 g Puderzucker

2 Eigelb

100 g Zartbitter-Schokolade

Zubereitung:

Schokolade zerbröckeln, bei schwacher Hitze schmelzen. Eier in einer Schüssel 1 Min. auf höchster Stufe schlagen.

Unter Rühren, den mit Vanille-zucker gemischten Zucker, langsam einstreuen, dann noch 2 Min. schlagen. Die geschmolzene Schokolade (nicht zu warm!), Haselnüsse und das mit Backpulver vermengte Mehl kurz auf niedrigster Stufe unterrühren. Den Teig in eine mit Back-papier ausgelegte Springform (ca. 23 cm) füllen und sofort im vorgeheizten Ofen bei 150 -175 Grad ca. 40-50 Min. backen. Den Boden gut aus-kühlen lassen. Butter mit Puderzucker schaumig rühren, 2 Eigelb unterschlagen. Zuletzt die geschmolzene Schokolade (nicht zu warm!) unterrühren. Boden aufschneiden, füllen und nach Belieben verzieren.

APFEL - WEISSWEIN - KUCHEN   APFELBROT

Zutaten für den Teig:

250 g Mehl

125 g Zucker

1 Ei

150 g Butter

Zutaten für den Belag:

1 kg Äpfel (geschält in
Scheiben geschnitten)

250 g Zucker

3/4 l Weißwein

2 Päckchen Vanillepudding

2 Becher süße Sahne

etwas Zucker

Eierlikör (nach Belieben)

Zubereitung:

Teigzutaten zu einem Mürbteig
verarbeiten, Springform damit
auslegen.

Weißwein zum Kochen
bringen, das angerührte
Puddingpulver einrühren und
aufkochen lassen.

Den Zucker zugeben.

Äpfel mit der Pudding-Masse
vermengen und auf den Teig
geben.

1 1/4 Std. bei 170 Grad backen.

In der Form kalt werden lassen.

Sahne mit etwas Zucker steif
schlagen, auf den kalten Kuchen
geben. Nach Belieben Eierlikör
als Gitter über die Sahne geben.

Zutaten:

750 g Äpfel (geraspelt)

200 g Zucker

500 g Mehl

1 Päckchen Rosinen

125 g Haselnüsse
(grob gemahlen)

1 EL Rum

1 TL Zimt

2 Päckchen Backpulver

Zubereitung:

Äpfel, Zucker, Rosinen,
Haselnüsse, Rum und Zimt
vermischen, über Nacht
ziehen lassen.

Anschließend Mehl und
Backpulver unterrühren
und in 2 gut gefettete
Kastenformen
(ca 30 cm lang) einfüllen.

Im vorgeheizten Backofen
bei 200 Grad
ca. 50 Minuten backen.

LINZERTORTE

Zutaten:

190 g Margarine

190 g Zucker

300 g Mehl

190 g geriebene Haselnüsse

2 Eier

1 1/2 TL Backpulver

1 1/2 Päckchen Vanillezucker

1 MSP gemahlene Nelken

1 MSP gemahlener Zimt

1 EL Kakao

125 g Johannisbeer-Konfitüre

Zubereitung:

Alle Teigzutaten verkneten.

3/4 des Teiges ausrollen, in

eine Springform geben und

den Rand 3 cm hochdrücken.

Die Konfitüre darauf verteilen.

Den restlichen Teig auswellen

und in Streifen schneiden.

Gitterartig auf die Konfitüre

legen.

Im vorgeheizten

Backofen bei 175 Grad

1 Stunde backen.

DIPLOMATENTORTE

Zutaten für den Teig:

150 g Butter

125 g Zucker

3 Eier

1 TL Zimt

125 g gemahlene Nüsse

50 g Mehl

2 TL Backpulver

Zutaten für den Belag:

1/2 Tasse grob geraspelte
Schokolade

1 bis 1 1/2 Becher Sahne

4 Scheiben Ananas

Zubereitung:

Aus den Teigzutaten einen
Rührteig herstellen, in eine
mit Backpapier ausgelegte
Springform füllen und bei
170 - 180 Grad 25 - 30 Minuten
backen, auskühlen lassen.
Die dünne obere Schicht des
Bodens abschneiden und zer-
krümeln, Schokolade zugeben.
Sahne sehr steif schlagen.

Ananas in kleine Würfel
schneiden, unter die Sahne
mischen. Den Boden mit einem
Tortenformrand umgeben,
Ananassahne auf den Boden
füllen, die Krümel auf dem
Sahnebelag verteilen und
leicht andrücken.
Mit Ananasstückchen
verzieren.

SCHWÄBISCHER TRÄUBLESKUCHEN

Zutaten:
300 g Mehl
175 g Margarine
100 g Zucker
2 Eigelb
1 Beutel Citroback
1 Beutel Rumback

Zutaten zwischen Teig und Belag:
1 Eigelb
3 EL Semmelbrösel
50 g gemahlene Mandeln
1 EL Zucker

Zutaten für den Belag:
500 g Johannisbeeren
4 Eiweiß
200 g Zucker
150 g gemahlene Mandeln

Zubereitung:
Aus den Teigzutaten einen Hackteig (Mürbteig) herstellen. Teig in eine Springform geben, einstechen.

1 Eigelb verquirlen, Teig damit bestreichen. Semmelbrösel, Mandeln und Zucker vermischen und auf das Eigelb verteilen.
15-20 Min. bei 175-200 Grad backen.

Eiweiß und Zucker steif schlagen. Johannisbeeren und Mandeln zum Eischnee geben, unterheben und auf dem Kuchen verteilen.
Weitere 30-40 Min. bei 175 Grad backen.

EMMENTALER CHIPS

Zutaten :

125 g Mehl

1/4 TL Salz

50 g geriebener Emmentaler

50 g Margarine

1 Eigelb

1-2 EL Sahne

Zubereitung:

Alle Zutaten zu einem glatten Teig verkneten. Eine Rolle formen (ca. 5 cm Ø) und über Nacht kalt stellen (oder 1/2 - 1 Std. tiefkühlen). In 1-2 mm dicke Scheiben schneiden. Auf ein mit Marga-rine gefettetes Backblech legen, im vorgeheizten Backofen 7-10 Min. backen. Elektroherd 175-200 Grad. Die Chips sollen nur am Rand goldgelb sein.

RAHMSTANGEN

Zutaten:

340 g Mehl

230 g weiches Fett

150 g saure Sahne

Zucker zum Ausrollen

Zubereitung:

Mehl, Fett und saure Sahne zu einem geschmeidigen Teig kneten, ca. 1 Stunde kalt stellen.

Auf bemehlter Fläche messerrückendick zu einem Quadrat ausrollen. Dick mit Zucker bestreuen und mit Backrädchen in Streifen schneiden (ca. 1,5 cm breit und 8 cm lang). Im vorgeheizten Backofen auf mittlerer Schiene bei 220 Grad ca.10 Min. backen. Die Rahmstangen sind blaß-braun, wenn sie fertig sind.

PIZZA - BRÖTCHEN

Zutaten:

200 g Schinken

200 g Salami

200 g Paprika (im Glas)

200 g Pilze

200 g geriebener Käse

200 g Sahne

Gewürze

Zubereitung:

Schinken, Salami, Paprika
und Pilze kleinschneiden,
Käse und Sahne untermischen,
mit Pfeffer, Paprika und Pizza-
gewürz abschmecken.
Brötchen oder Baguettes damit
bestreichen und 10 Min. im
vorgeheizten Backofen bei
175-200 Grad überbacken.

KÄSEPLÄTZCHEN

Zutaten für den Teig:
150 g Weizenvollkornmehl
100 g Mehl
1 TL Backpulver
180 g geriebenerKäse
(verschiedene Sorten)
200 g kalte Butter
1 Ei
Pfeffer, Muskat,
Paprika edelsüß

Zutaten zum Bestreichen
und Bestreuen:
1 Eigelb
1 EL Sahne
gehackte Erdnüsse, Pistazien,
Kümmel, Mohn, Sesam

Zubereitung:
Mehl, geriebener Käse, Butter-
flöckchen, Ei und Gewürze zu
einem Mürbteig verkneten.
Den Teig 1 Stunde im
Kühlschrank ruhen lassen.
Danach den Teig auf leicht
bemehlter Arbeitsfläche
etwa 1/2 cm dick auswellen.
Beliebige Plätzchen ausstechen.
Die Plätzchen mit dem Eigelb
bestreichen und nach Wunsch
mit Mohn, Sesam, Kümmel
etc. verzieren.
Im vorgeheizten Backofen auf
der oberen Schiene
bei 200 Grad ca. 10 Minuten
goldgelb backen.

Zutaten:

250 g Zucker

125 g Butter oder Margarine

4 ganze Eier

125 g Mehl

125 g Haselnüsse

1 kleine Tafel

Blockschokolade (gerieben)

1 TL Zimt

2 gestrichene TL Backpulver

1 Glas Kirschen

Zubereitung:

Alle Teigzutaten zu einem
Rührkuchen verarbeiten und
in eine Springform einfüllen.
Kirschen auf dem Teig
gleichmäßig verteilen.
Bei 150 Grad Heißluft
ca. 40-45 Minuten backen.
Ober-und Unterhitze 175 Grad.

BACKREZEPT   Seite

Gesamtherstellung: Vehling Verlag GmbH, Werl i. W.
Verantwortlich: Elke Schuster
Rezepte: Zwergenstübchenmütter
Illustration: Georg Csulits
Fotografie: Axel Waldecker
Satz: Werner Rehbein
Litho: Schmiku Repro

Die Rezepte in diesem Buch sind vom Zwergenstübchen und Verlag
sorgfältig erwogen und geprüft, dennoch kann eine Garantie
nicht übernommen werden.